Tobias Molsberger

Einführung in die Erziehungswissenschaft

Zusammenfassung in Stichpunkten

GRIN Verlag

Bibliografische Information der Deutschen Nationalbibliothek:

Die Deutsche Bibliothek verzeichnet diese Publikation in der Deutschen National-bibliografie; detaillierte bibliografische Daten sind im Internet über http://dnb.d-nb.de/ abrufbar.

Impressum:

Copyright © 2010 GRIN Verlag GmbH
Druck und Bindung: Books on Demand GmbH, Norderstedt Germany
ISBN: 978-3-656-71889-5

Dieses Buch bei GRIN:

http://www.grin.com/de/e-book/278104/einfuehrung-in-die-erziehungswissenschaft

GRIN - Your knowledge has value

Der GRIN Verlag publiziert seit 1998 wissenschaftliche Arbeiten von Studenten, Hochschullehrern und anderen Akademikern als eBook und gedrucktes Buch. Die Verlagswebsite www.grin.com ist die ideale Plattform zur Veröffentlichung von Hausarbeiten, Abschlussarbeiten, wissenschaftlichen Aufsätzen, Dissertationen und Fachbüchern.

Besuchen Sie uns im Internet:

http://www.grin.com/

http://www.facebook.com/grincom

http://www.twitter.com/grin_com

Vorlesung 1: Einführung
- Θεώρια-Theorie

<u>Antike</u>: rein geistige Betrachtung von Gegenständen, die der sinnlichen Wahrnehmung <u>unzugänglich</u> sind. Insofern Erkenntnis als Zweck in sich selbst gesehen wird, ist auch das Theoretisieren an sich Teil des erfüllten Lebens.

<u>Neuzeit</u>: widerspruchsfreies System von Aussagen, die <u>Phänomene erklärbar und prognostizierbar machen</u>. Insofern die Bewährung in der Welt als Zweck gesehen wird, werden Theorien auf ihre Brauchbarkeit hin überprüft.

- **Theorien heute**
- **<u>Subjektive Theorien</u>:** Widerspruchslosigkeit besteht in Hinblick auf die <u>eigene Erfahrung</u>

- **<u>Wissenschaftliche Theorien</u>:** Widerspruchslosigkeit gesteht zwischen den Aussagen einer Theorie und zwischen Aussagen, die aus einer Theorie abgeleitet werden, <u>und empirischen Befunden</u>

Vorlesung 2: Geschichte der Vorstellung von Bildung

A) Platonische Philosophie der griechischen Antike
- Bildung als Ideenerkenntnis

- Ausgangszustand: Defizitärer sozialer Alltag
- <u>Bildung bedarf:</u>
1. der Erziehung
2. der Befreiung
3. des Zwangs

- Bildung mehr als ein Erkenntnisgebiet
- Folgen der Bildung: Isolation und Herrschaftslosigkeit

→ siehe Platons Höhlengleichnis

„Bildung" ein vager Sammelbegriff?
- Anpassung des Bildungsbegriffs im Laufe der Jahrhunderte:

B) Bildung in der mittelalterlichen Mystik (Heinrich Seuse, 14. Jh.)

- <u>Drei Wege der Vollendung:</u>

1.Sich selbst von allen Bildern entbilden [Autonomie]
→ Weg der Reinigung; Abwenden von Götzenbildern, Weltlichem, Profanem...

2.Sich Christus als dem Vorbild nachbilden [Orientierung]
→ Weg der Erleuchtung; sein Heil in Jesus Christus finden

3.Eins-werden mit dem Urbild [Identität]
→ Weg der Einigung, Einheit im Gott

C) Humanistische Tradition
- Fähigkeit mit Kontakt zur Kultur, neue, hochwertigere Möglichkeiten des Denkens und Handelns zu gewinnen („neu" = Individuum und Gesellschaft)

- Exkurs: Humanismus als Bildungsidee (von der Nachahmung zur Selbstbildung)

<u>Humanismus 1 (Cicero –römische Antike)</u>
-Ein Programm der literarischen Kulturaneignung, durch das sich Menschen von anderen Menschen unterscheiden

Humanismus 2 (G. Pico della Mirandola-Renaissance)
-Der Mensch wird unbestimmt geboren; starke Betonung auf der Möglichkeit sich selbst (entsprechend dem Ideal) zu formen

<u>Humanismus 3 (W.v. Humboldt –19. Jh.</u>
-Harmonische Ganzheit der eigenen Kräfte entsprechend den Erscheinungen, die der Idee des Menschlichen am nächsten kommen.

D) Bildung als formale Qualifikation (z.B. reglementierter Bildungsabschluss)

-Wurzeln in der Handwerkerausbildung erfasst den akademischen Sektor vollständig erst im 19. Jahrhundert (1832)

-Zurückdrängen von Privilegien zu Gunsten des Leistungsprinzips

-Ausweitungen des Begriffs: Basisqualifikationen; Schlüsselqualifikationen

E) Deutscher Bildungsbericht (2006)

- Bildungsdimensionen von gesellschaftlichem Interesse
1. Selbstregulation
2. Politische / soziale Teilhabe
3. Beschäftigungsfähigkeit

Kritische Auseinandersetzung (Bildung als Humankapital):
a) Bildung und ihr Subjekt dem Wettbewerb unterworfen sind
b) die Gewährung von Autonomie dient nicht dem Gewinn an subjektiver Freiheit

Wie verhalten sich die unterschiedlichen Zielvorstellungen von Bildung zueinander?

- Bildung als Interesse des Einzelnen
–Ökonomischer Gewinn

–Politische Teilhabe

–Sozialer Status

–Selbstverwirklichung

- Bildung als Interesse der Gesellschaft
–Ökonomische Effizienz

–Politische Stabilität

–Soziale Inklusion

–Kultur

Vereinfachte Bergriffs-Übersicht

Bildung	= (reflektierte) selbstgestaltete Entwicklung
Erziehung	= Von außen intendierte Entwicklung
Unterricht	= Reflektiert inszenierte Vermittlung

Qualifikation	= Vermittlung und Erwerb von Kompetenzen und Zugangsberechtigungen
Sozialisation	= (Nicht intendierte) Veränderung in vorgegebenem sozialen Kontext
Enkulturation	= Einpassung in vorgegebenen kulturellen Kontext

Vorlesung 3: Schule aus der Perspektive von Sozialisation und Enkulturation

- **Gesellschaftliche Funktion im Bildungssystem:**
- Enkulturation
- Qualifikation
- Allokation/Selektion
- Integration, Legitimation (politische Stabilität)

- **Individuelle Funktion im Bildungssystem:**
- Kulturelle Teilhabe und Selbstverwirklichung
- Beschäftigungsfähigkeit (ökonomischer Gewinn)
- Lebensplanung (sozialer Status)
- Politische Teilhabe

Vereinfachte Begriffs-Übersicht

Sozialisation = (Nicht-intendierte) Veränderung in vorgegebenem sozialen Kontext; Bezogen auf die Gesamtheit der Kontextbedingungen einer Gesellschaft, die Persönlichkeit von Heranwachsenden prägen

Enkulturation = Einpassung in vorgegebenen kulturellen Kontext, Bezogen auf die Gesamtheit der Wert- & Sinnsysteme, mit denen Heranwachsende in Kontakt kommen

Sozialisation: Gesamtheit der Kontextbedingungen einer Gesellschaft, die Persönlichkeit von Heranwachsenden prägen

- Beispiel für zwei unterschiedliche Sozialisationskontexte:
- Traditionelle Gesellschaften: auf Gemeinschaft begrenzte Solidarität
- Moderne Gesellschaften: Individualismus, Freiheit, sozialer Zusammenhalt

4

Sozialer Zusammenhalt als politisches Konzept und Ziel

- Ziel der Lissabon-Strategie der europäischen Union:
- Europa als dynamischster und wettbewerbsfähigster wissensbasierter Wirtschaftsraum
→ Ziel: dauerhaftes Wirtschaftswachstum, mehr Arbeitsplätze und stärkeren sozialen Zusammenhalt (Europarat 2000)

- Sozialer Zusammenhalt durch Wechselwirkungen der Gesellschaft und einer Reihe von Normen und Werten gekennzeichnet, sowie einem Gefühl der Zugehörigkeit und der Bereitschaft zur Teilnahme

Die Soziologie unterscheidet zwischen Gesellschaft und Gemeinschaft

- Gesellschaft:
Gesamtzusammenhang der Interdependenzen zwischen Einzelnen und Gruppen, der zweckrational durch gemeinsame Interesse und Ziele gekennzeichnet ist

- Gemeinschaft:
Sozialer Zusammenhang bei dem der Zweck der Vereinigung und der Identifikation mit gemeinsamen Normen und Werten liegt

- Internationale Perspektive: „Social Systems":
Der soziale Gesamtzusammenhang in Teilsystemen/durch Institutionen geregelt, welche jeweils zweckrational (zielgerichtet) betrachtet werden können und in jenen jeweils zentrale Werte gelten

Beispiel für zwei unterschiedliche Sozialisationskontexte:

- Traditionelle Gesellschaften:
- „Bonding" (spezifische Reziprozität)
- Ziel: auf Gemeinschaft begrenzte Solidarität
- Mittelwerte (Dienstwerte):   Respekt, Nachahmung
- Autoritäten: umfassend
- Funktionalität bei: Risiken der Grundsicherung

- Moderne Gesellschaften:
- „Bridging" (allgemeine Reziprozität)
- Ziel: Individualismus, sozialer Zusammenhalt
- Mittelwerte (Dienstwerte):   Leistung, Kreativität
- Autoritäten: funktional begrenzt
- Funktionalität bei: erhöhtem Mobilitätsbedarf

Vorlesung 4: Bildung und soziale Ungleichheit

Befragung zur Wahrnehmung sozialer Ungleichheit und zu Einstellungen gegenüber gesellschaftlicher Beteiligung

Theoretischer Bezugsrahmen der Erhebung

- Erfahrung von Ungleichheiten
  - Wahrnehmung
  - Repräsentation
  - Verteilung

- Interpretation von Ungleichheiten
  - Hauptwirkung der persönlichen Leistung
  - Einflüsse des sozialen Systems, die veränderlich sich
  - Einflüsse des sozialen Systems, die unveränderlich sind

- Sozialer Zusammenhalt
  - Vertrauen in Institutionen, Soziales und Kultur
  - Akzeptanz des anderen Geschlechts, anderer Kulturen
  - Politische Teilhabe
  - Soziale Teilhabe

→ Zusammenfluss mit persönlichem Hintergrund, sozialem Kontext und gesellschaftlichem Kontext

Verteilung von Schüler/innen auf Schularten

- Welche Schularten gibt es?
- Was ist die Bedeutung von Schularten?

→ Zwischen 27 und 36% der Schüler in Deutschland besucht das Gymnasium

Aus Pisa 2006 geht eindeutig hervor:
- Kinder aus Akademikerfamilien wesentliche höhere Chance auf hohen Bildungsabschluss als Kinder aus „bildungsfernen" Haushalten

Der Zugang zum Gymnasium

- Kinder von Eltern mit Hauptschulabschluss oder ohne Abschluss nach der Grundschule am Gymnasium: 14 %

- Kinder von Eltern mit mindestens einem Abitur nach der Grundschule am Gymnasium: 68 %

Der Verbleib am Gymnasium

- Kinder von Eltern mit Hauptschulabschluss oder ohne Abschluss, die das Gymnasium innerhalb von 6 Jahren verlassen: 35%

- Kinder von Eltern mit mindestens einem Abitur die das Gymnasium innerhalb von 6 Jahren verlassen: 20%

Vorlesung 5: Bildung und soziale Ungleichheit – Fortsetzung

Bildung ein öffentliches Gut?

A) Merkmale öffentlicher Güter

a) Sie sind allen zugänglich
b) Keine Konkurrenz der Nutzer (z. B. Recht auf Meinungsäußerung, Luft)

→ Verantwortung des Staates, diese Güter unbegrenzt zu garantieren/schützen

B 1.) Bildungsangebote

- sind im ihrem Umfang und ihrer Qualität begrenzt

→ **C 1.) Bildung ist kein öffentliches Gut**

B 2.) Bildungseffekte

- kommen allen zugute; <u>Bildung ist ein quasi-öffentliches Gut</u>

Bildungsbericht der Bundesregierung (2008)

<u>Zusammenfassung:</u>

Es gelingt vor allem nur unzureichend Kinder von nicht Akademikern für ein Hochschulstudium zu gewinnen.
(Dagegen scheinen Kindern von beamteten Akademikern kaum einem Hochschulstudium entgehen zu könne)

- 1. Wo haben Sie in Gruppen Heterogenität erfahren?
- 2. Wie hat sich Heterogenität in Gruppen auf Bildungsprozesse ausgewirkt?
- 3. Welche Herausforderungen bestehen im Hinblick auf die Pädagogik?

Kontexte sozialer Ungleichheiten im Bildungssystem

- Ethnie
- Kultur
- Sprache
- Geschlecht
- Behinderung
- Religion

- Ökonomie
- Elterliche Qualifikation und Tätigkeiten
- Religionsgemeinschaft

Mannigfaltige Quellen sozialer Ungleichheit
- Reale Zugangsmöglichkeiten zu Angeboten
- Modelle des Möglichen im sozialen Nahraum
- Private Ressourcen zur Unterstützung
- Spezielle Erwartungen des privaten Umfeldes
- Netzwerke und soziale Schließung
- Sprachliche Verständigung
- Stereotype des Lehrenden
- Selbstkonzepte

→ **Beobachtbare soziale Ungleichheit**

→ **Maßnahmen zu mehr Chancengleichheit im pädagogischen Alltag**

Vorlesung 6: Lehrer werden

Was macht es auf Lehrer zu werden? – Fünf theoretische Annäherungen

1. Lehrer als Persönlichkeitstyp
2. Lehrer als Profession
3. Lehrer als Rolle
4. Lehrer als Kompetenz
5. Lehrer als Experte

Lehrerpersönlichkeit

5-Faktoren-Modell der Persönlichkeit
- Gewissenhaftigkeit
- Freundlichkeit, Verträglichkeit

- Extraversion (Begeisterungsfähigkeit)
- Offenheit
- Neurotizismus (emotionale Labilität)

Lehrerprofession

- Profession als gesellschaftlich herausgehobene Berufe
- Legitimiert durch die Sicherung zentraler Werte
  - Das gesellschaftliche Bedürfnis in Bezug auf einen Wert
  - Das gesellschaftliche Vertrauen in Kompetenz
  - Das gesellschaftliche Mandat

- Klassisch: die drei höheren Fakultäten der Universität
- Weitere Professionen können entstehen, wenn weitere Werte als zentral angesehen werden

Der Lehrerberuf – Eine Profession

Professionen:
- Formulieren selbst die Erwartungen, die an sie gestellt werden können (siehe sokratischer Eid)
- Bilden ihren eigenen Nachwuchs aus
- Verfügen über eine gewisse Autonomie in der Kontrolle der Berufsausübung
  → Keine Anteilnahme an den Klienten jenseits der Sicherung des zentralen Werts
  → Externe Kontrolle wird weitgehend ausgeschlossen

Die Lehrerrolle

- „Rolle" als Bündel sozialer Erwartungen, die das Verhalten von Menschen in spezifischen Konstellationen steuern
  → Rolle als Freiheitsbegrenzung

- „Rolle" als Entlastung des Individuums vor der Überforderung, in jeder Situation authentisch zu sein, sich für jede Einzelhandlung individuell zu rechtfertigen
  → Rolle als Befreiung

- Worin besteht die soziale Rollenerwartung an mich Lehrer?
- Welche bisherigen Rollen, die ich in meinem Leben übernommen habe, bereiten mich auf diese Rolle vor?
- Welche Rollen könnte ich privat und in der Gesellschaft noch übernehmen, um mich auf den Beruf des Lehrers vorzubereiten?

Lehrerkompetenzen

- Kompetenz als ein „Bündel" von körperlichen und geistigen Fähigkeiten ein Problem zielorientiert und verantwortungsvoll zu lösen, die Lösungen zu reflektieren und das eigene Handlungsrepertoire weiterzuentwickeln.

- Ein Modell professioneller Handlungskompetenz

  - Pädagogisches Wissen
  - Fachwissen
  - Fachdidaktisches Wissen
  - Organisationswissen
  - Beratungswissen

Kultusminister-Konferenz-Standards der Lehrerbildung

Vier Kompetenzbereiche des Lehrerberufs

1. Kompetenzbereich Unterrichten

- Lehrer planen Unterricht fach- und sachgerecht, führen ihn sachlich und fachlich korrekt durch
- Lehrer unterstützen durch Gestaltung von Lernsituationen Schüler, motivieren diese und befähigen sie Zusammenhänge herstellen zu können
- Lehrer fördern Fähigkeit der SuS selbstständig arbeiten zu können

2. Kompetenzbereich Erziehen

- Lehrer kennen soziale und kulturelle Lebensbedingungen der Schüler und nehmen Einfluss auf deren individuelle Entwicklung
- Lehrer vermitteln Werte und Normen und unterstützen selbstbestimmtes Handeln und Urteilen der SuS
- Lehrer finden Lösungsansätzen für Konflikte im Schulalltag

3. Kompetenzbereich Beurteilen

- Lehrer diagnostizieren Lernvoraussetzungen und Lernprozesse von SuS, gezielte Förderung und Beratung der Eltern
- Lehrer erfassen Leistungen von SuS auf der Grundlage transparenter Bemessungsmaßstäbe

4. Kompetenzbereich Innovieren

- Lehrer sind sich Anforderungen des Berufs bewusst, verstehen Beruf als öffentliches Amt mit besonderer Verantwortung und Verpflichtung
- Lehrer sehen Beruf als ständige Lernaufgabe
- Lehrer beteiligen sich an Planung und Umsetzung schulischer Projekte und Vorhaben

Lehrerexpertise

Novize:
- „Knowledge telling"
- Methoden anwenden
- Affekte empfinden und kontrollieren
- Sich mit eigenen Entscheidungen durchsetzen

Experte:
- „Knowledge transforming"
- Methoden auf Unterrichtsstruktur beziehen
- Affekte verstehen
- Entscheidungen Alternativen anhand von Kriterien auswählen

Vorlesung 7: Partizipation und Schule

Begründung:
- Normativ
- Instrumentell

Modi:
1. Mitarbeiten   5. Mit repräsentieren
2. Mitgestalten
3. Mit beraten
4. Mitentscheiden

Grenzen der Partizipation:
- Strukturelle Asymmetrie
- Starke Interessen anderer
- Perspektivenübernahme
- Garantenstellung der Lehrkräfte (gesetzlicher Auftrag, Rechte anderer)

Bedingungen:
- Globale Transformationen, Gesellschaft, Schulsystem, Unterricht, Interaktion mit anderen Partizipienten

Bereiche:
- Auf einzelne Schüler bezogen
- Auf Klassen bezogen
- Auf Schulorganisation bezogen
- Auf Externe bezogen

Effekte:
- Für Lernen im Fach
- Für Belastungserleben
- Für Leistungsmotivation
- Für politische Einstellungen
- Für Organisationsentwicklung

Pädagogische Formen:
- Simulativ vs. real
- Projekt vs. Dauerhaft
- Formell institutionalisiert vs. informell

Wer partizipiert?
- Lehrer
- Schüler
- Eltern
- Schulaufsicht
- Schulträger
- Schulabnehmer
- NGOs

Warum wird Partizipationsverdrossenheit zum Thema? – Stellenwert von Partizipation als schulisches Bildungsziel.

Stellenwert durch die EU:
„Aktive Bürgerschaft": Partizipation in bürgerlichen Gesellschaften, im politischen Leben oder der Gemeinschaft ist gekennzeichnet durch:
- Gegenseitigem Respekt
- Gewaltlosigkeit
- Einklang mit Menschenrechten und Demokratie

Deutsche politische Bildung: „Mündiger Bürger"
- Individuum, das
- Werte und Rechtsnormen der freiheitlich-demokratischen Grundordnung versteht und anerkennt
- die Menschenwürde achtet
- Kooperationsfähigkeit und Kompromissbereitschaft aufweist

- Toleranz entwickelt
- eigene Sozialisationsbedingungen überprüft
- selbst Wertevorstellung für eigene Lebensgestaltung formuliert

Historische Abfolge der Partizipation in der Schule

- Reformpädagogik: Schule als pädagogisch wirksame Lebenswelt; Ausweitung der Schülerautonomie unter charismatischen Schulleitern

- Demokratietheorie: Mitbestimmung (Wille, Recht und Freiheit); Institutionalisierung von Mitsprache, Mitentscheidung und Transparenz von Abläufen, normativ begründet

- Professionalisierungsdiskurs: Selbstregulation der Lehrprofession, Prozessqualität; Lehrer/-innen arrangieren Partizipationsgelegenheiten als Lernumgebung

- Organisationsentwicklung: Sich selbst regulierende Organisation werden, Stake-Holder-Zufriedenheit; Funktionale Partizipation in der Organisationsentwicklung: Schulprogrammarbeit
- New Public Management: Sparsamer Mitteleinsatz; Schülerleistung in Kern-fächern, Effizienz; Schulleiterautonomie und Gefolgschaft der Lehrkräfte: Instrumentelle Partizipation

Wie wird Schülerpartizipation im Lehrerdiskurs thematisiert?

- Lehrpersonen einzelner Schulen argumentieren, dass Partizipation nicht weiter unterstützt werden müsse,

1.weil Schüler/innen kein Interesse an Partizipation hätten.

2.Weil Schüler/innen aufgrund Ihrer Kompetenzen dazu nicht in der Lage seien

Forschungsfragen

- 1a. Wollen Schüler/innen überhaupt an der Gestaltung von Schule und Unterricht partizipieren?

- 1b. Inwiefern dürfen Schüler/innen an der Gestaltung von Schule und des Unterrichts mitwirken?

- 2. Inwiefern trägt das Lehrerverhalten eingebettet in schulische Merkmale auch jenseits der Gewährung von formalen Partizipationsmöglichkeiten zu Partizipationsverdrossenheit bei?

- 3a. Inwiefern kann über die Individuelle Wahrnehmung von Lehrerverhalten hinaus auch ein Effekt der geteilten Wahrnehmung in der Klasse nachgewiesen werden?

- 3b. Ist der Bildungsgang als Entwicklungsmilleu auch jenseits des Lehrerverhaltens und der kognitiven Leistung der Schülerinnen bedeutsam?

1. Wunsch und Realisierungsgrad von Partizipation

- Wunsch der SuS zur Partizipation v. a. bei:

    - Klassenfahrten
    - Stundenplan
    - Gestaltung der Klassenräume
    - Pausengestaltung

2. Lehrerverhalten eingebettet in schulische Merkmale als Prädiktoren: Übersicht

Merkmale der Individuen:
- Hintergrundmerkmale (Alter, Geschlecht, kulturelles Kapital, Sprache…)
- *Partizipationsverdrossenheit (Ablehnung mitzubestimmen)*

Merkmale des Lehrerverhaltens:
- Egalitäre Wertschätzung durch Lehrpersonen (Wertschätzung)
- Demokratisches Unterrichtsklima

Merkmale der Schule:
- Bildungsgang
- Wahrgenommene verbale Gewalt

3. Bedeutung der geteilten Wahrnehmung –Variablenübersicht

Merkmale auf Individualebene:
- Hintergrundmerkmale
- *Partizipationsverdrossenheit*
- Politisches Wissen*

- Demokratisches Unterrichtsklima

<u>Merkmale auf Klassenebene</u>
- Gemeinsam wahrgenommene Ausprägung eines demokratischen Unterrichtsklimas in den Klassen*
- Niveau des politischen Wissens in den Klassen*
- Bildungsgang

*) entscheidende Faktoren für Partizipationsverdrossenheit

→ Stärkere Partizipationsverdrossenheit an Haupt-/Realschule aufgrund geringeren politischen Wissens im Vergleich zum Gymnasium

Fazit:

1. <u>Mitgestaltungswünsche und -möglichkeiten</u> von Schülern/innen sind <u>heterogen</u> und verlangen nach weiterer Forschung, zur pädagogischen Gestaltung von Partizipationsangeboten.
2. Das <u>Lehrerverhalten</u> erweist sich als <u>bedeutsamer Kontext</u> für das Ausmaß der Partizipationsverdrossenheit von Schüler/innen.
… Darüber hinaus ist das <u>Lehrerverhalten nicht unabhängig von schulischen Gegebenheiten</u>
3. Nur ein geringer Varianzanteil von Partizipationsverdrossenheit liegt auf der Ebene der sozialen Gruppierung. Dieser lässt sich in erster Linie durch <u>Unterschiede in der kognitiven Leistung</u> aufklären.

=> Neben der Entwicklung von Angebotsstrukturen der Partizipation an Schulen ist vor allem der <u>Entwicklung kognitiver Leistung</u> für das <u>Bildungsziel Partizipation</u> bedeutsam.

Vorlesung 8: Schultheorie und der Umgang mit Konflikten als Thema schulischer Arbeit

Einfaches Bildungsproduktionsmodell:

- Ressourcen, Vorgaben = Unterrichtsprozesse = Lernergebnisse, Wirkungen

- <u>Bildungssystem</u>:
  „Institution zur Sicherung von Integration, Allokation, Qualifikation und Enkulturation der nachwachsenden Generation."

Leistungen des Bildungssystems für die anderen gesellschaftliche Systeme

- <u>Bildungssystem:</u>
  - Kulturelle Initiation und Beteiligung
  - Lehre, Unterricht

- Prüfung und Berechtigung nach Leistung
- Partizipation und politische Bildung

- **Leistungen:**
  - Enkulturationsfunktion
  - Qualifikationsfunktion
  - Allokationsfunktion (Zuordnung beschränkter Ressourcen)
  - Integrationsfunktion

- **Gesellschaftliche Systeme:**
  - Kultur-& Sinnsysteme; *Kontingenz bewältigen*
  - Ökonomisches System; *Versorgen*
  - Soziale Hierarchie; *Beruflich Positionieren*
  - Politisches System; *Entscheiden und Herrschen*

Einfaches Bildungsproduktionsmodell (2):

- **Ressourcen, Vorgaben:**
  ein „dauerhafter Bestand an Mitteln", eine nachgeordnete Behörde mit der Lizenz zur Vergabe von staatlichen (Bildungs-) Berechtigungen.

- **Unterrichtsprozesse:**
  Institution, in der die Unterschiede der Mitglieder hinsichtlich „Wollen", „Können" „Dürfen" und „Müssen" intendiert bildungswirksam werden
- **Lernergebnisse, Wirkungen:**
  Institution zur Sicherung von Integration, Allokation, Qualifikation und Enkulturation der nachwachsenden Generation.

Kennzeichen von Schule als nachgeordnete Behörde

- Transparenz aller Vorgaben

- Hohe Übereinstimmung in den Strukturen und Abläufe an verschiedenen Orten

- Transparenter Zugang zur deklarierten Leistungen

- Zuverlässige Erbringung von deklarierten Leistungen

- Keine eigene Rechtsfähigkeit

- Öffentlicher Zugang zu Ämtern nach Eignung und Bewährung

Prozessuale Bestimmung von Schule

- Schule = Institution, in der die Unterschiede der Mitglieder hinsichtlich „Dürfen", „Müssen", „Wollen" und „Können" intendiert bildungswirksam werden.

Überkommenes Ideal:
- Schüler und Lehrer sehen sich als Teil einer Gemeinschaft; der Schüler (an-)erkennt die Überlegenheit des Lehrers vor dem Hintergrund eines verbindenden Norm-und Wertehorizonts (Riceour 2006)

Erfahrung in Gesellschaften heute:
- Norm-und Wertehorizont mit Orientierungskraft für Schulpraxis ist fraglich
    ⇨ Schulpraxis, d.h. Entscheidung über Möglichkeiten mit den Unterschieden umzugehen, muss reflektiert werden
    ⇨ Die notwendige Konflikthaftigkeit von Schule in der Demokratie wird von Jugendlichen und Lehrpersonen oft nicht anerkannt

Gegensätzliche Bewertungen von Konflikten und Kontroversen

- Thomas Hobbes: „Konflikte zeigen ein Defizit an Gesellschaftsbildung: Misstrauen und Konkurrenz können nur durch ein übergeordnetes System reguliert werden."

- Karl Marx: „Konfliktparteien werden als voneinander abhängig gesehen. Konflikte beinhalten die Energie für sozialen Wandel."

Wie zeigt sich die Konfliktkompetenz von Lehrpersonen im Unterricht?

1. Inhaltliche Kontroversen im Unterricht und Konfliktstile von Schülern/Schülerinnen

2. Umgang mit interpersonalen Konflikten

Unterrichtsstile im Umgang mit kontroversen Themen nach Hess (2005)

- Ausgleich verschiedener Positionen*
- Vermeidung von kontroversen Themen
- Privileg einer Perspektive
- Die Ablehnung des kontroversen Charakters des Themas

* Indoktrinationsverbot, Kontroversitätsgebot (siehe Beutelsbacher Konsens)

Demokratisches Unterrichtsklima

- Indoktrinationsverbot:
    - Schüler und Schülerinnen können den Lehrern und Lehrerinnen in politischen Fragen offen widersprechen.

- Schüler und Schülerinnen werden dazu ermuntert, eigene Meinungen zu entwickeln.
- Lehrer und Lehrerinnen achten unsere Meinungen.

- **Kontroversitätsgebot:**
  - Schüler und Schülerinnen können ihre Meinung im Unterricht sagen, auch wenn diese von der Meinung der meisten Mitschüler abweicht.
  - Lehrer und Lehrerinnen ermutigen uns, über politische Fragen zu diskutieren, zu denen es unterschiedliche Meinungen gibt.
  - Lehrer und Lehrerinnen stellen unterschiedliche Sichtweisen vor.

Konfliktstile im Umgang mit Meinungsverschiedenheiten

- *Integrating* (Integration)
„Ich versuche, all unsere Wünsche offenzulegen, so dass Probleme gut gelöst werden können"

- *Obliging (Entgegenkommend)*
„Ich versuche, die Erwartungen meiner Mitschüler/-innen zu erfüllen"

- *Dominating (Dominierend)*
„Ich überrede andere, um meine Ideen durchzusetzen"

- *Avoiding (Vermeidend)*
„Ich versuche, Streit über Meinungen mit meinen Mitschüler/-innen zu vermeiden"

Soziale Konflikte in der Schule und Wege der Konfliktbearbeitung in Verantwortung der Lehrpersonen

Entscheidungsstile von Lehrern im Umgang mit interpersonalen Konflikten

- Wieso werden die Stile von Lehrpersonen zum Thema?

-Umgang mit entscheidungsrelevanten Problemsituationen gehört zum Kern des Berufsbilds.
– Die Art, wie Lehrer Entscheidungen treffen, ist Teil des Erziehungshandelns der Schule.
– Entscheidungsverhalten von Lehrern hat einen Einfluss auf die Klasse als Gruppe.

Schritte zur Entscheidung

1. Abschätzen der Verpflichtung gegenüber Gerechtigkeit, Fürsorge und Wahrhaftigkeit
2. Wahrnehmung einer Situation als entscheidungsrelevant
3. Übernahme von Verantwortung für die Entscheidung
4. Wahl eines Entscheidungstyps

Beispielhafte Situationen

- Diskriminierung von Schülergruppen
→ in Bezug auf das Geschlecht
→ in Bezug auf die Religion
- Pädagogische Note
- Beschwerde über andere Lehrer
- Mobbing

Wann ist vollständiger Diskurs angemessen?

1. Jemand wurde verletzt, hätte ernstlich verletzt werden können
2. Es müssen mehrere Personen betroffen sein
3. Alle Beteiligten können an den „Runden Tisch" geholt werden
4. Die Verpflichtungen gegenüber Gerechtigkeit, Fürsorge und Wahrhaftigkeit sind widersprüchlich

Wann ist vollständiger Diskurs unangemessen?

- humoristische Störung
- Kriminalität
- Organisationsprobleme
- Abwesenheit von Beteiligten

Maximen für Lehrpersonen am „Runden Tisch"

1. Alle Beteiligten müssen zu Wort kommen
2. Engagement aller für eine Lösung muss bis zum Ende aufrechterhalten werden
3. Der Prozess des „Runden Tischs" ist an sich wertvoll
4. Jeder Beteiligte will für sich das Gute
5. Auch eine Lösung die ich nicht teile, ist für die Gruppe im Augenblick die für die moralische Entwicklung angemessenste

Vorlesung 9: Schulentwicklung und Schulevaluation

Zusammenwirken von Schule, Kontroll-und Unterstützungssystem im 20. Jahrhundert

<u>Extern:</u>
- Vorgaben (z. B. Lehrpläne)
- Schulaufsicht und Inspektion (Schulamt)

<u>Schulintern:</u>
- Ressourcen materiell und personell
- Unterrichtsprozesse, Verfahrensregeln
- Schulmanagement (Schulleitung)
- Formale Ergebnisse (Ergebnisse z. B. beim Abitur)

<u>Zusätzlich:</u>
- Lehrerausbildung
- Lehrerfortbildungen

<u>Kennzeichen von Schule als zentral gesteuerte Bürokratie</u>

- Transparenz aller Vorgaben
- Hohe Übereinstimmung in den Strukturen und Abläufe an verschiedenen Orten
- Transparenter Zugang zur deklarierten Leistungen
- Öffentlicher Zugang zu Ämtern nach Eignung und Bewährung
- Zuverlässige Erbringung von deklarierten Leistungen
- Keine eigene Rechtsfähigkeit

Wie kann Schule als Bürokratie entwickelt werden?

- **Zentralistischer Ansatz**

<u>Elemente synoptischer (vergleichender) Planung</u>
-Bedarfsberechnungen
-Systemeinheiten und Infrastruktur von außen definiert
-detaillierten Curricula/ Lehrplanvorgaben
-einheitliche Weiterbildungsangebote
-starke Schulaufsicht

Schule zentral entwickeln – Hindernisse:

1.Wenig durchgreifende Steuerung der übergeordneten Behörde
- „Principal-Agent"-Problematik
- geringe Qualifikationsunterschiede zwischen den Ebenen
- Große Informationsunterschiede bei wenig standardisiertem Handeln
- Mögliche Interessendifferenz
- „Autonomie-Paritäts-Paradigma" („Autonomie-Gleichheits-Muster")

2. Pädagogische Freiheit
- Wahl der Unterrichtsmethoden & Sozialformen
- Wahl der Prüfungs-und Belohnungsformen
- Wahl der Sequenzierung
- teilweise Wahl der Inhalte

Zusammenwirken von Schule, Kontroll-und Unterstützungssystem

Extern:
- Vorgaben (z. B. Lehrpläne)
- Schulaufsicht und Inspektion (Schulamt)
- Externe Messung

Schulintern:
- Ressourcen materiell und personell
- Unterrichtsprozesse, Schulklima
- Schulmanagement & und –entwicklung (Schulleitung)
- Lernergebnisse & formale Abschlüsse (Ergebnisse z. B. beim Abitur)

Zusätzlich:
- Lehrerausbildung
- Lehrerbildung; Schulberatung

Wie kann Schule entwickelt werden?

- Vorstellung in den 60er und 70er Jahren:
  Zentralistischer Ansatz

- Vorstellung heute:
  Dezentralisierter Ansatz
  → Schule als Organisation

Merkmale von staatlichen Schulen als Organisationen

- Gründung durch Personen   -
- Auf Ziele ausgerichtet   +
- Hierarchisch verfasst   +
- Arbeitsteilig strukturiert   ++
- Kooperativ strukturiert   +-
- Auf relative Dauer angelegt   ++
- Verfügt über Ressourcen   +-
- Internalisiert Kontrolle   +-
- Internalisiert Steuerung   +-
- Rechenschaftsfähig für Resultate   +-

Eigenverantwortliche Schule als Beispiel für einen dezentralen Planungsansatz

Mögliche Arbeitsfelder:
- Personalbewirtschaftung
- Sachmittelbewirtschaftung
- Unterrichtsorganisation und Unterrichtsgestaltung
- Qualitätssicherung und Rechenschaftslegung

→ Stärkung eigenverantwortlicher Steuerung der Schule
Ziel: Verbesserung der Qualität schulischer Arbeit

Rechte und Pflichten der Schulen
- Auswahl des Schulpersonals
- Entlassung des Schulpersonals
- Fortbildungsplanung
- Budgetverwaltung
- Curriculumentwicklung
- Qualitätssichernde Maßnahmen

Fragen:
- Wieso protestieren Schüler gegen Schulautonomie (Foto Hannover 2003)
- Wie ändert sich die Arbeit des Lehrers der Lehrerin in einer autonomen Schule?
- Wie kann staatliche Steuerung erfolgen?

Wege der politischer Steuerung schulischer Arbeit

Operative Ebene („action")
- Vielfältige personale Legitimationsansprüche

- -etablierte Überzeugungen -

Maßnahmen:
- Information und Weiterbildung
- Evaluation und Inspektion
- Gesetze und Verordnungen
- Finanzielle Anreize und Strafen
- Normative Diskurse, Professionsdiskurse
- Struktureller Isomorphismus (gleiche Abbildungen)

Formale Ebene „talk"
- Gesellschaftlicher Legitimationsanspruch
- wechselnde Politiken

Was ist Evaluation?
„Systematische Bewertung eines Gegenstands anhand von transparenten Kriterien"
- impliziert ein Vorgehen, in dem die einzelne Schritte reflektiert werden können
- impliziert Nachprüfbarkeit
- impliziert Normativität
- impliziert eine Begrenzung

Kreislauf der Evaluation

1. Entscheidung über die Durchführung einer Evaluation
2. Entscheidung über zu untersuchende Bereiche
3. Entwicklung von Fragestellungen und Indikatoren
==> Entstehungszusammenhang

4. Konstruktion von Instrumenten
5. Durchführung, Aufbereitung, Auswertung und Dokumentation
==> Begründungszusammenhang

6. Entscheidung über Zugang zu Ergebnissen
7. Interpretation von Ergebnissen
8. Ziehen von Konsequenzen
==> Verwertungszusammenhang

Verfahren der Schulinspektion
- Dokumente
- Fragebögen
- Interviews
- Beobachtung

==> Inspektionsbericht

Hessischer Referenzrahmen für Schulqualität

1. Handlungsfelder: Input-Prozess-Output
2. Qualitätsbereiche
3. Qualitätsdimensionen
4. Qualitätskriterien
==> Aufschließende Fragen und mögliche Anhaltspunkte

2. Übersicht über Qualitätsbereiche und -dimensionen
I Voraussetzungen und Bedingungen
II Ziele und Strategien der Qualitätsentwicklung
III Führung und Management
IV Professionalität
V Schulkultur
VI Lehren und Lernen
VII Ergebnisse und Wirkungen

3. Kriterien zu Dimensionen in Qualitätsbereich VI: Lehren und Lernen
- z. B. 2.4 „Die Unterrichtszeit wird lernwirksam genutzt."

4. Beispiel für die Konkretisierung des Kriteriums
- z. B. 2.4 „Die Unterrichtszeit wird lernwirksam genutzt."

Aufschließende Frage:
Worin zeigt sich die lernwirksam Nutzung der Unterrichtszeit?

Mögliche Anhaltspunkte:
- Die Lehrkraft und die Schülerinnen und Schüler beginnen pünktlich mit dem Unterricht.
- Die benötigten Materialien und Gerät sind vorhanden und einsatzbereit.
- Auf Störungen wird sofort, angemessen und konsequent reagiert.
- Das Lernarrangement ist auf die Zeitvorgaben abgestimmt.

Welche Wirkungen haben die Maßnahmen?
- Die Unterrichtszeit wird vollständig ausgeschöpft; es gibt keinen Leerlauf.
- Schülerinnen und Schüler setzen sich aktiv und konzentriert mit dem Unterrichtsinhalt auseinander.
- Sie erreichen in der vorgegebenen Zeit angemessene Ergebnisse im Sinne der Unterrichtsziele.

Funktion des Hessischen Referenzrahmens Schulqualität (HRS)

- Der HRS vermittelt eine Vorstellung von Schule, bei der Bereiche schulischer Verantwortung und Kontextbedingungen differenziert erfassbar werden

- Der HRS bietet eine einheitliche Orientierungsgrundlage für alle Gruppen von Akteuren im hessischen Schulsystem Akteure, die ihre einzelne Schule entwickeln interne Evaluation und interne Folgemaßnahmen

  ⇨ Akteure, die in den Unterstützungs-und Kontrollsystemen arbeiten externe Evaluation und Vereinbarung von Folgemaßnahmen auf Schulebene

  ⇨ Entwicklung von Fort-und Weiterbildung

  ⇨ Reflexion von bildungspolitischer Steuerung

Paradigmen der Evaluation

Paradigma I:
- Legitimation
- Steuerung von System, Einzelfall (eher summativ)
- Wahrnehmung externer Steuerung
- Gesellschaftliche Rechtfertigung
- Definition von Ressourcen und Zielen
- Objektivierung
- Intendierter Effekt des Evaluators auf den Gegenstand

Paradigma II:
- Handlungs-alternativen
- Erhöhung der Selbstregulation mit Blick auf selbst gesehene Probleme (formative Kurskorrektur, Optimierung)
- spezifisches Verständnis spezifische Ressourcen und Barrieren
- Fallanalyse
- Definition von Bereichen und Akteuren
- Problemdruck

Paradigma III:
- Generalisierung Falsifikation (Wiederlegung) von Theorien
- Richtung und Stärke von Effekten
- Typen
- Theorien abgeleitete Hypothesen
  – über Unterschiede
  - über Abfolgen

- Objektivierung
- kein Effekt des Forschers auf den Gegenstand

Welchem Paradigma von Evaluation lässt sich der Hessische Referenzrahmen Schulqualität zuordnen?

- Begründen Sie Ihre Auffassung.

VL 10 Standardisierungen des Unterrichts

Funktionale Analyse der Institution Standard
1. Wertsetzung –wofür es sich zu sterben lohnt
2. Orientierung –was künftig geschehen soll
3. Legitimation –wer Träger hoheitlicher Gewalt ist und Regime –wie sich hoheitliche Gewalt durchsetzt

Drei Strukturelemente der Institution Standard

1. Wertsetzung
2. Orientierung
3. Legitimiertes Regime

Vier Ansatzpunkte der Standardisierung

- 1.1. Standardisierung der Inhalte
- 1.2. Standardisierung der Lerngelegenheiten
- 1.3. Prozessbezogene Standards
- 1.4. Leistungsstandards

1.2. Standardisierung der Lerngelegenheiten

A) Lernprogramme
B) Rezeptartig vorformulierte Unterrichtssettings

- z. B. Service Learning Lesson Plans
  Einführungsstunde zum Recht auf Gesundheitsfürsorge

1.3 Prozess-Standards
z.B. sog. Qualitätsstandards des „Service-Learning"

- Das Engagement der Schüler reagiert auf einen echten Bedarf

- Es gibt eine Kooperation mit einer Partnerorganisation, die nicht Teil der Schule ist
- Es gibt eine Gelegenheit zur offenen Reflexion von Erfahrungen, die im Engagement gewonnen wurden.
- Der Inhalt des Engagements wird mit einem Unterrichtsinhalt verbunden

1.4. Leistungsstandards [auch Kompetenzstandards]

- Konzeptionelle Bestimmung von Kompetenz

- Verständnis im DFG-Schwerpunktprogramm „Kompetenzdiagnostik": Vermittelbare und erlernbare, kognitive Leistungsdispositionen, **die sich funktional auf Anforderungen in bestimmten Kontexten beziehen**(Klieme, Leutner 2006)

- Erweiterung A:Handlungsbereitschaft (Weinert 2001)
- Erweiterung B: Verantwortungsübernahme (Weinert 2001)

1.5. Leistungsstandards
- Wie sehen Kompetenzmodelle aus? - Lesekompetenz PISA

Stufe I
- Explizite Information lokalisieren
- Auffällige Hauptgedanken wiedergeben
- Verbindung zu Alltagswissen herstellen

Stufe III
- Beziehungen erkennen
- Textteile integrieren
- Textmerkmale bewerten

Stufe V
- Versteckte Informationen erschließen
- Detailverstehen bei unvertrauten Themen
- Kritisch zum Text Stellung nehmen

2. Die pädagogische Orientierung durch Leistungsstandards

- 2.1. Welche Vorstellung von Unterrichtszielen wird vermittelt? (kognitiv, bereichsspezifisch, dimensional differenziert, linear progressiv)
- 2.2. Welche Formen der Unterrichtsgestaltung werden durch die Einführung von Leistungsstandards ermöglicht und gefördert?

- 2.3. Welche Chancen der individuellen Förderung sind mit Leistungsstandards und Kompetenzmodellen verbunden?
- 2.4. Wie verbinden sich Leistungsstandards mit Anliegen der Schulentwicklung?

3. Bedingungen für ein erfolgreiches Regime mittels Leistungsstandards3.1. Kompetenz der Lehrkräfte

- 3.2. Akzeptanz von Standards bei Lehrkräften
- 3.3. Bedeutung von Leistung bei den Beteiligten in Schule
- 3.4. Transparenz und Passung von Standards und Testsystem
- 3.5. Kohärenz von standardbezogenen Tests mit anderen Formen der Leistungsprüfung
- 3.6. Repräsentation des schulischen Bildungsauftrags in Standards

Vorlesung 11 - Die soziale Ordnung des Unterrichts – Klassenmanagement

Bezüge zu früheren Vorlesungen

- Verbale Gewalt als Prädiktor für Partizipationsverdrossenheit (VL 7)
- Entscheidungsstile von Lehrpersonen im Umgang mit interpersonalen Konflikten (Oser 1998) (VL 8)
- Beiden Thematiken gemeinsam: Ausgangpunkt bilden Problemsituationen

„Classroom-management"–"Techniken der Klassenführung"

Ausgangpunkt:
Merkmale der Unterrichtsführung erlauben eine bessere Vorhersage der Störungswahrscheinlichkeit als die Art des Umgangs mit Fehlverhalten.

Solche Merkmale sind:
- Withitness(Allgegenwärtigkeit) and overlapping (Überlappung)
- Smoothness (Reibungslosigkeit) and momentum (Schwung)
- Group alerting (Gruppenfokus) and accountability (Rechenschaftsprinzip)
- Intellectual challenge (herausforderndesAnspruchsniveau) and prevention of weariness (Überdrussvermeidung)

Effektive Lehrpersonen…
- … implementieren Gruppenstrategien mit hohem Ausmaß an Involviertheit

- ... gehen sparsam mit Zeit um
- ... kommunizieren klare Regeln für Partizipation
- ... implementieren ein Regelsystem zu Jahresbeginn

<u>Alternative Wege des Klassenmanagements</u>

In Abhängigkeit von Lehrerpersönlichkeit, Schülerschaft und sozialem Kontext können unterschiedliche Ansätze funktional sein

- Weg A: kommunikativ beziehungsorientiert
- Weg B: fachorientiert
- Weg C: disziplinierend
- Weg D: arbeitsökonomisch orientiert

Vorlesung 12: Unterricht denken - Teil 1: Kategorien zur Beschreibung und Analyse von Unterricht

- Welche Merkmale Kennzeichnen jeden Unterricht?
- Welche Merkmale sind spezifisch für staatlichen Schulunterricht in Deutschland?

Brainstorming von Vorlesungsteilnehmern:
<u>Welche Merkmale Kennzeichnen jeden Unterricht?</u>

- planvolles, zielgerichtetes Vorgehen
- Differenz zum Arbeitsalltag: bewusste Lehr-Lern-Situation
- Wissensgefälle zwischen Unterrichtendem und Unterrichtetem
- diszipliniert in Sinne einer sozialen Ordnung
- kann kein Lernergebnis garantieren
- d.h. „reflektiert inszenierte Vermittlung"

<u>Welche Merkmale sind spezifisch für staatlichen Schulunterricht in Deutschland?</u>
- verpflichtender Rahmen
- begrenzte Teilnehmerzahl
- Homogenisierung der Lernergruppen
- Anwendung von unterschiedlichen Methoden
- wird von ausgebildeten Lehrkräften erteilt d.h. hohes Maß an Institutionalisierung

Schema zur Planung einer Unterrichtsstunde:

- Lernziel:
- Was sollen die Lernen-den am Ende können/wollen/wissen?
- Thema:
- Welcher Gegenstand wird zum Inhalt der Beschäftigung?
- Methode:
- Wie soll miteinander interagiert werden?
- Sozialform:
- Wer soll miteinander interagieren?
- Medien / Material:
- Was steht wem in welcher Form zur Verfügung?
- Didaktische Funktion:
- Wozu soll der so gestaltete Unterrichtsschritt im Hinblick auf das Lernziel dienen?

Wie lassen sich Lernziele unterscheiden und ordnen?

Taxonomie der kognitiven Lernzielen

1. Erinnern
- Etwas wiedererkennen
- Etwas auswendig wissen

2. Verstehen
- Etwas erläutern
- Etwas zusammenfassen

3. Anwenden
- Etwas in einem bekannten Kontext implementieren
- Etwas in neuem Kontext implementieren

4. Analysieren
- Etwas unterscheiden; etwas nach Kriterien bewerten
- Etwas (re)organisieren / modellieren
- Etwas dekonstruieren

5. Synthetisieren
- Eine Problemlösung erstellen
- Etwas neues planen, neue Hypothesen aufstellen

Wie lassen sich Methoden; Sozialformen und Medien begründen?
→**Didaktische Funktionen**

Unterrichtsphase:

Anfangspunkt/Einstieg:

- Aufmerksamkeit aktivieren
- Orientieren
- Motivieren
- Legitimieren & Delegitimieren
- Verunsicherung &Sicherheit herstellen
- Vorwissen bewusst machen

Erarbeitung:

- Bereitstellen von Information
- Motivation aufrecht erhalten
- Verarbeitung-anregen-unterstützen-lenken

Integration/Abschluss:
- Überprüfen
- Sichern
- Verbinden mit Vorwissen
- Rückmelden
- Bewerten
- Öffnen für weitere Auseinandersetzung

Teil 2: Integration von Elementen der Unterrichtsplanung in Lehrverfahren

Klassisches Beispiel 1: Dreischritt
- Das entdeckenlassende Lehrverfahren (Burnner)-Checkpoints zur Unterrichtsentwicklung

Einstieg: Problemstellung
- ein echtes Problem für die Schüler / klar präsentiert
- mittlerer
  Schwierigkeitsgrad

Erarbeitung: Prozessorientierte Unterstützung
- Beobachtung und Analyse des Problems anregen

- Produzieren und Überprüfen von Hypothesen anregen

Erarbeitung: Ergebnisorientierte Unterstützung
- Unterstützung-Aktivieren von Vorwissen
- Hinweise auf relevante Information, bestehende Zusammenhänge und/oder Teillösungen

Abschluss: Rückmeldung
- Wie wird die Richtigkeit inhaltlich erkennbar?
- Können die Lernenden selbst die Richtigkeit erfahren?

Wie könnte der Vorlesungsinhalt zur Entwicklung des Schulsystems im Rahmen eines entdeckenlassenden Lehrens aufbereitet werden?

Prozessorientierte Unterstützung

- Globale Trends

(a) die heterogene demographische Dynamik

(b) die Steigerung internationaler politischer Steuerung,

(c) die sich verringernden Finanzierungsmöglichkeiten öffentlicher Haushalte,

(d) die Technisierung und Mediatisierung zunehmender Lebensbereiche

(e) die vermehrte Wahrnehmung paralleler Lebenswelten

Ergebnisorientierte Unterstützung

Konkretion zu Beispiel 2
Das entdeckenlassende Lehrverfahren
- Reflexion von Entwicklungspotential und -gefahren des Schulsystems
Problemstellung
- Wie wird die Schule der Zukunft aussehen? (dialektisches Problem)
Prozessorientierte Unterstützung
- Beobachtung und Analyse des Problems anregen(z.B. Bildungsbericht lesen)
- Produzieren und Überprüfen von Hypothesen anregen (procedural facilitations)
Ergebnisorientierte Unterstützung
- Aktivieren von Vorwissen (z.B. über historische Entwicklungen)
- Hinweise auf relevante Information, bestehende Zusammenhänge und/oder Teillösungen (z.B. OECD Gliederung)
Rückmeldung
- Wie wird die Qualität einer Lösung erkennbar? (inhaltliche

Widerspruchsfreiheit; Elaboriertheit)
- Können die Lernenden selbst die Qualität erfahren? (z.B. Vergleich?)

Was müssen alle Lehrverfahren leisten?

Lehrverfahren
- Der klassische Dreischritt(didaktische Funktionen)
- Einstieg (Ermitteln und Aktivieren von Vorwissen, Orientieren über Lernziele und Lerntätigkeiten, Inhalte legitimieren, Motivation aufbauen)
- Erarbeitung (Bereitstellen von Bedingungen, die Lernaktivität ermöglichen Auseinandersetzung mit Inhalten/Material unterstützen Lernstrategien/Arbeitsweisen fordern und fördern)
- Abschluss(Zielerreichung überprüfen und rückmelden, Ergebnisse sichern und bewerten, Verbindungen zu Früherem und Kommendem herstellen)

Klassisches Beispiel 1: Dreischritt
Das expositorische Lehrverfahren (Ausubel)
- Leitfragen im Rahmen des Verfahrens

Einstieg: Advance organizer

- Werden Oberbegriffe thematisiert?
- Werden Lernziele genannt/ abgegrenzt?

Erarbeitung: Prozessorientierte Unterstützung
- Beobachtung und Analyse des Problems anregen
- Produzieren und Überprüfen von Hypothesen anregen

Erarbeitung: Progressives Differenzieren
- Werden neue Begriffe durch Unterordnung, Nebenordnung oder Überordnung mit den bekannten Oberbegriffen in Beziehung gesetzt?
Üben:
- Werden stabilisierende Übungen durchgeführt?
- Verweisen Übungen auf Anwendungskontexte?
- Hinweise auf relevante Information, bestehende Zusammenhänge und/oder Teillösungen

Abschluss: Integrierendes Verbinden
- Wird der Lernfortschritt bewusst gemacht?
- Wird die Verbindung zu Oberbegriffen hergestellt?

Vorlesung 13: Arbeiten mit & an Emotion in Lehr-Lern-Situationen

Selbstvergewisserung
Schreiben Sie alle Emotionen auf, die Ihnen einfallen; klammern Sie diejenigen ein, von denen Sie denken, dass sie nichts mit Lehren und Lernen zu tun haben.

1. Unterstreichen Sie Emotionen, von denen Sie glauben, diese in Lehr-Lern-Situationen einbringen zu **können**?
2. Inwiefern **sollen** Lehrpersonen zu oder gegen Emotionen erziehen?
3. Inwiefern **sollen** Lehrpersonen durch Emotionen erziehen?
4. **Auf welche Weise** wollen Sie ggf. die Emotionen, die Ihnen wichtig sind, bei Ihren SchülerInnenfördern? (nennen Sie mehrere pädagogische Wege)

Emotionen
Angst Unsicherheit Geborgenheit Verzweiflung Trauer Glück Freude Lebenslust Neugier Leere Gelassenheit Unlust Spannung Begierde „Kribbeln im Bauch" Vergnügen Ehrfurcht Liebe Demut Demütigung Stolz Scham Einsamkeit Zorn Langeweile Zuneigung Offenheit Freiheit Vertrauen Wohlbehagen Zynismus Belustigung Kontrolle Dankbarkeit Beklemmung Zutrauen Erregung Gleichgültigkeit Leidenschaft Entspannung Schwermut Mitleid Selbstmitleid Verdruss Hass Wut Ärger Gemeinsamkeit Empörung Misstrauen Hochmut Scheu Heiterkeit

Beziehung von Emotionen und Kognition

* „Akademische Kognitionen" eher kalt und isoliert
* Akademisches sehr nüchtern, möglichst emotionsfrei
* Emotionen in Richtung akademische Effizienz fördern

Beispiel 1: Emotionen in Leistungssituationen, etwa während der Bearbeitung von Lernaufgaben oder während des Zuhörens in der Vorlesung.

Ergebnisbezogene Emotionen
* aktivierend
==> prospektiv (Hoffnung, Angst) vs. retrospektiv (Stolz, Ärger)

* deaktivierend
==> prospektiv (Zufriedenheit, Hoffnungslosigkeit) vs. retrospektiv (Zufriedenheit, Traurigkeit)

Aktivitätsbezogene Emotionen :
* aktivierend
==> Lernfreude vs. Ärger

- deaktivierend
  ==> Entspannung vs. Langeweile

Verstehen von Emotion – Umgang mit Emotion

- Emotion als rein inneres Gefühl = Kontrolle Rationalisierung
- Emotion als Urteil oder Urteilstendenz = Emotionales Selbstmanagement
Emotion als evaluative Wahrnehmung innerer Zustände = Umgang mit
externen Ursachen und der internen Dispositionen ist notwendig

Allgemeine Muster im Umgang mit Emotion

Kontrolle Rationalisierung
- „Wenn du dir kleine Ziele setzt, wird es funktionieren."
- „Ein Junge hat keine Angst"

Emotionales Selbstmanagement (Re-Framing, Autosuggestion)
- „Lernen macht Spaß…"
- „Du wirst Stolz sein, wenn du bestanden hast"
- „Angst hilft dir!"

Umgang mit externen Ursachen und der internen Dispositionen ist notwendig
- „Wie kommt es, dass du Angst vor Prüfungen hast?" „War das schon
  immer so?"
- „Was können wir tun, damit du weniger Angst haben musst."

Emotionale Typen von Gewalttätern

Reaktiver Gewalttäter
- durch geringen Anlass ausgelöstes Gefühl kann nicht gesteuert werden
- Einsicht nach der Tat ist echt
=> Programme der Emotionskontrolle

Instrumenteller Gewalttäter
- Gewalt wird überlegt ohne emotionale Hemmung eingesetzt um Ziele zu
  erreichen
- Verstehen ja, aber keine moralische Einsicht
=> Programm zur Entwicklung moralischen Bewusstseins

Frustrierter Gewalttäter
- Gewalt als Ergebnis negativer projektiver Identifizierung, d.h. u.a.
  niedriges Selbstwertgefühl
- Verstehen der Aggression gering
=> Beziehungsarbeit; Trauma Therapie; Persönlichkeitsentwicklung